BEI GRIN MACHT SIC
WISSEN BEZAHLT

- Wir veröffentlichen Ihre Hausarbeit,
  Bachelor- und Masterarbeit

- Ihr eigenes eBook und Buch -
  weltweit in allen wichtigen Shops

- Verdienen Sie an jedem Verkauf

Jetzt bei www.GRIN.com hochladen
und kostenlos publizieren

Julius Burghardt

Die Bedeutung der Polygamie für den Islam

GRIN Verlag

Bibliografische Information der Deutschen Nationalbibliothek:

Die Deutsche Bibliothek verzeichnet diese Publikation in der Deutschen National-
bibliografie; detaillierte bibliografische Daten sind im Internet über http://dnb.d-
nb.de/ abrufbar.

Impressum:

Copyright © 2011 GRIN Verlag GmbH
Druck und Bindung: Books on Demand GmbH, Norderstedt Germany
ISBN: 978-3-656-93456-1

Georg-August-Universität Göttingen

Seminar für Religionswissenschaft

Hausarbeit:

Die Bedeutung der
Polygamie für den Islam

Inhalt

1. Einleitung

Orient und Okzident, Islam und Christentum – nie waren sich diese einstigen Gegensätze so nah wie heute. Doch dort wo Kulturen aufeinander treffen, kommt es nicht selten zu Reibereien. Die unterschiedlichen Mentalitäten, Traditionen und vor allem Religionen sind oftmals die Quelle tragischer Missverständnisse, die in gewalttätigen Auseinandersetzungen enden können. Bedauerlicherweise ist gerade die Begegnung von Morgen- und Abendland beispielhaft für eine solche Entwicklung.

Einer jener Reibepunkte der Kulturen ist die Haltung zur Polygamie.[1] Während der Westen, beeinflusst sowohl durch die eigene, christliche Tradition als auch durch moderne feministische Strömungen, der Mehrehe größtenteils ablehnend begegnet, gilt sie in den meisten islamischen Ländern als selbstverständlich[2]. Viele Muslime betrachten die Polygamie sogar als göttliches Gebot, da sie ihrer Meinung nach durch den Koran ausdrücklich erlaubt werde. Für viele (immer häufiger auch muslimische) Feministinnen ist Polygamie jedoch nichts weiter als ein Werkzeug des Mannes zur Unterdrückung der Frau, das den Graben zwischen Ost und West stetig tiefer werden lässt.

Angesichts der Differenzen, die beim Thema Polygamie deutlich werden, erscheint es zur Verbesserung des Dialoges beider Kulturen ratsam, sich näher mit diesem Thema zu beschäftigen. Doch der Relevanz zum Trotz finden sich in der gegenwärtigen Forschungsliteratur eher wenige Verweise zur Polygamie. In der Regel sind nur einzelne Abschnitte dieser speziellen Thematik gewidmet. Kaum ein Werk unternimmt den Versuch, einen Bezug zwischen der theologischen Grundlage und der gegenwärtigen Praxis der Mehrehe im Islam herzustellen. Diese Arbeit widmet sich daher der Frage, welche Bedeutung die Polygamie für den Islam hat, sowohl in der Tradition als auch in der Gegenwart. Hierfür wegweisend waren die Werke Gunawan Adnans[3] und Asghar Ali Engineers[4].

---

[1] Der Begriff der Polygamie, der eigentlich nur die Ehe mehrerer Personen ungeachtet des Geschlechts meint, soll im Folgenden synonym zur Polygynie, der Ehe eines Mannes mit mehreren Frauen, verwendet werden. Dies entspricht auch dem allgemein üblichen Gebrauch des Begriffs.

[2] Dies bezieht sich vor allem auf die (islam-)rechtliche Haltung. Inwieweit Polygamie aus praktischer Sicht der Normalität entspricht, soll an späterer Stelle erörtert werden.

[3] ADNAN, Gunawan: Women and The Glorious Qur'an. Analytical Study of Women-Related Verses of Sura An-Nisa', Göttingen 2004.

[4] ENGINEER, Asghar Ali: The Rights of Women in Islam, London 1992.
Ders.: Islam, Women and Gender Justice, New Delhi 2001.
Ders.: Women and Modern Society, New Delhi 2005.

Im Folgenden sollen zunächst die kulturellen Wurzeln der Polygamie im vorislamischen Orient näher beleuchtet und anschließend untersucht werden, welche Passagen des Korans auf die Mehrehe anspielen und wie diese zu verstehen sind. Im darauf folgenden zweiten Teil wird die gegenwärtige Bedeutung der Polygamie betrachtet, zunächst aus gesellschaftlicher und anschließend aus rechtlicher Sicht. Letztere beschränkt sich, um den Rahmen nicht zu sprengen, auf das Beispiel Tunesiens, das interessanterweise mit der islamischen Tradition gebrochen und die Polygamie abgeschafft hat. Den Abschluss der Arbeit bildet die Diskussion verschiedener aktueller Meinungen für und gegen die Mehrehe.

2. Polygamie in islamischer Tradition

2.1 Vorislamische Wurzeln

Polygamie ist keine Erfindung des Islam. Besonders im orientalischen Raum reichen die Wurzeln dieser Praxis weit in die vorislamische Zeit (Dschahiliyya) zurück. Schon im alten Mesopotamien lassen sich zu allen Zeiten Belege für polygame Beziehungen finden.[5] Vor allem bigyne Ehen waren dort verbreitet, doch sind beim Adel auch Harems aus zahlreichen Gemahlinnen, die wohl meist als Prestigeobjekte fungierten, nachweisbar.[6] Besonders unfreie, meist in Armut lebende Frauen, waren als Zweitfrauen weit verbreitet. Während die Frau sich aus einer solchen Ehe vor allem soziale und wirtschaftliche Absicherung sowie eine Überwindung der Unfreiheit versprach, bot sich dem Mann auf diese Weise eine erhöhte Chance auf männliche Nachkommen, die eine Versorgung im hohen Alter garantierten. So lässt sich auch eine enge Verbindung zwischen Kinderlosigkeit und Polygamie erkennen.[7]

Auch bei den Nomadenstämmen der Araber galt schon lange vor dem Wirken Mohammeds die Polygamie als selbstverständlich. Eine Einschränkung der Anzahl an Ehefrauen gab es nicht[8], Berichte sprechen teilweise von bis zu 500

---

[5] FRIEDL, Corinna: Polygynie in Mesopotamien und Israel. Sozialgeschichtliche Analyse polygamer Beziehungen anhand rechtlicher Texte aus dem 2. und 1. Jahrtausend v. Chr., Münster 2000 (= Alter Orient und Altes Testament, 277), S. 32.
[6] Ebd., S. 32 f.
[7] Ebd., S.19-23.
[8] MONDAL, Sekh Rahim: Polygyny and Divorce in Muslim Society. Controversy and Reality, in: ENGINEER: Gender Justice, S. 131.

Gemahlinnen[9]. Zwar dürfte es sich hierbei um Übertreibungen handeln, bis zu zehn Ehefrauen, die auf keinerlei Gleichberechtigung untereinander hoffen konnten, scheinen jedoch nicht unwahrscheinlich.[10] Der Sinn und Zweck der Ehe bestand für die vorislamischen Araber wohl vor allem darin, die (militärische) Macht des Stammes, der die zentrale gesellschaftliche Institution darstellte, durch einen Zuwachs von Söhnen, also zukünftigen Kriegern, zu stärken.[11] Die Geburt von Mädchen galt infolgedessen als unehrenhaft, nicht selten wurden weibliche Säuglinge direkt nach ihrer Geburt getötet. Auch ansonsten besaßen Frauen, deren einzige Aufgabe die Erziehung der Kinder war, faktisch keine Rechte, hatten in der Ehe kein Mitspracherecht und durften nicht erben.[12] Lediglich die Familie der Frau, die normalerweise einem anderen Stamm angehörte als die des Mannes, konnte ihr Schutz und Einfluss bieten.[13]

Die Heirat selbst stellte für die nomadischen Araber wohl eine reine Formsache dar, der keinerlei religiöse Bedeutung zukam.[14] So war auch die Ehe ein eher regelloses, sehr flexibles Konzept: Neben den üblichen Verträgen und Abkommen zwischen den Familien und Stämmen war es durchaus Sitte, seine Gemahlin durch Raub, Kauf oder Erbe zu empfangen.[15] Ebenso unkompliziert erfolgte auch die Scheidung: Die Frau, die dem absoluten Willen des Mannes unterlag, konnte nach dessen Gutdünken geschieden und anschließend verstoßen oder versklavt werden. Eine Unterscheidung zwischen Besitz und Ehe gab es faktisch nicht.[16]

2.2. Verankerung im Koran

Trotz des Stellenwertes, den die Mehrehe für die antike arabische Kultur besaß, und obwohl das Thema heute derart konfliktgeladen ist, lässt sich im Koran nur eine sehr begrenzte Anzahl an Textstellen finden, die sich auf diese Praxis beziehen. Tatsächlich sind es nur einige wenige Verse der vierten Sure (An-Nisa/Die

---

[9] ENGINEER: Rights of Women, S. 22.
[10] Ders.: Modern Society, S. 79 f.
[11] ADNAN: Women, S. 32.
[12] Ebd., S. 24 f.
[13] Ebd., S. 35 f.
[14] ENGINEER: Rights of Women, S. 22.
[15] ADNAN: Women, S. 33.
[16] Ebd., S. 25.

Frauen), die sich mit Polygamie in Verbindung bringen lassen. Von herausragender Bedeutung ist hierbei Vers 3:

„Und so ihr fürchtet, nicht Gerechtigkeit gegen die Waisen zu üben, so nehmt euch zu Weibern, die euch gut dünken, (nur) zwei oder drei oder vier; und so ihr (auch dann) fürchtet, nicht billig zu sein, heiratet nur eine oder was eure Rechte (an Sklavinnen) besitzt. Solches schützt euch eher vor Ungerechtigkeit"[17]

Zahlreiche Muslime sahen und sehen in jenen Worten die göttliche Legitimation der Mehrehe[18], die allerdings gewissen Bedingungen unterworfen ist: Im Gegensatz zur vorislamischen Zeit wird die maximale Anzahl an Ehefrauen auf maximal vier begrenzt. Außerdem muss der Mann seine Gemahlinnen untereinander gleichberechtigt behandeln.[19] Allein diese Einschränkungen stellen verglichen mit der vorislamischen Situation eine enorme Verbesserung der Stellung der Frau dar. So betont auch Engineer, dass es sich bei dem Vers um eine erhebliche Stärkung der Rechte der Frau handle, die jedoch aufgrund des patriarchalen Umfeldes Mohammeds gewissen Einschränkungen unterworfen war.[20]

Dennoch fällt auf, dass die eigentliche Intention des Verses kaum die Legitimation der Polygamie sein dürfte. Stattdessen steht der gerechte Umgang mit Waisen(-mädchen) im Vordergrund. So weist auch Gunawan Adnan darauf hin, dass Vers 3 nur in Kombination mit Vers 2 verstanden werden könne[21], der den gerechten Umgang mit Waisen vorschreibt.[22] Um die wahre Bedeutung des Verses verstehen zu können, scheint es also unumgänglich, den historischen und sozialen Hintergrund von dessen Entstehung näher zu betrachten.

In vorislamischer Zeit hatten verwaiste Mädchen ein schweres Schicksal zu ertragen. Gerade jene, die über ein gewisses Vermögen verfügten, hatten ohne den familiären Schutz die Gier ihres Wächters zu fürchten. Dies verdeutlicht auch eine von dem islamischen Gelehrten At-Tabari überlieferte Erzählung von 'Aisha bint Abubakr, einer der Frauen Mohammeds. Diese besagt, dass der zweite und dritte

---

[17] Koran 4:3.
[18] ADNAN: Women, S. 176.
[19] Allerdings, das muss an dieser Stelle eingeräumt werden, erlaubt der Vers auch eine unbegrenzte Anzahl an Sklavinnen bzw. Konkubinen, die dem Mann zur Verfügung stehen.
[20] ENGINEER: Modern Society, S. 80.
[21] ADNAN: Women, S. 177.
[22] Koran 4:2.

Vers der vierten Sure in Verbindung mit einer wohlhabenden Waisen verkündigt worden sei. Deren Wächter habe sie ihrer Schönheit und ihres Reichtums wegen gegen ihren Willen ehelichen wollen. Um dies zu verhindern, seien die Verse 2 und 3 verkündigt worden. Der Wächter habe nun den Reichtum nicht mehr für einen großen Harem ausgeben können und sei außerdem dazu gezwungen gewesen, seine Frauen (und somit auch die Waise) gerecht behandeln zu müssen.[23]

Eine weitere inhaltliche Dimension des Verses bietet ein Blick auf die islamische Geschichte. Besonders ein Ereignis ist mit der Verkündigung des Verses in Verbindung zu bringen: die Schlacht von Uhud 625 n. Chr zwischen den Muslimen um Mohammed und dem Stamm der Quraish, die zu zahlreichen Verlusten auf islamischer Seite führte.[24] Nach dem Ende der Schlacht herrschte innerhalb der muslimischen Gemeinde aller Wahrscheinlichkeit nach ein großes Ungleichgewicht der Geschlechter. Viele Männer hatten ihr Leben gelassen und so ihre Ehefrauen zu Witwen und ihre Kinder zu (Halb-) Waisen gemacht. Die Familien der Ehemänner und Väter, die nicht vom Schlachtfeld zurückgekehrt waren, besaßen nun keinerlei Absicherung mehr und mussten mit dem Schlimmsten rechnen. Es scheint daher nicht unwahrscheinlich, dass Vers 3 mit der Absicht verkündigt wurde, jene sozialen Probleme zu überwinden.[25] Für diese These spricht auch eine sprachwissenschaftliche Untersuchung des Verses durch Muhammad Sharur, die zum Ergebnis hat, dass es sich bei der zweiten/dritten/vierten Ehefrau um eine Witwe handeln müsse. Außerdem verweise die sprachliche Struktur darauf, dass die Kinder jener Witwe dieselben Rechte genössen wie jene aus erster Ehe.[26]

Es zeigt sich also, dass es sich beim 3. Vers der Sure An-Nisa ursprünglich eher um einen Akt der Barmherzigkeit als um das Erbe einer patriarchalen Gesellschaft handelt. Nicht die Unterdrückung der Frau, sondern der Schutz von Witwen und Waisen in besonderen Situationen scheint Sinn und Zweck der vom Koran gebilligten Polygamie gewesen zu sein.

Dass in der Tat Monogamie das Leitbild der islamischen Ehe darstellt, versucht auch Maulana 'Umar Ahmad 'Usmani zu verdeutlichen, indem er die Bezie-

---

[23] ADNAN: Woman, S. 177.
ENGINEER: Modern Society, S. 80.
[24] WALETZKI, Stephanie: Ehe und Eheschließung in Tunesien. Zur Stellung der Frau in Recht und Gesellschaft, Berlin 2001 (= Islamkundliche Untersuchungen, 241), S. 167 f.
[25] MONDAL: Polygyny and Divorce, S. 131f.
ADNAN: Women, S. 178 f.
[26] ADNAN: Women, S. 180 f.

hung von Adam und Eva, also <u>eines</u> Mannes und <u>einer</u> Frau zum Ideal erklärt.[27] Auch Engineer kommt zu dem Schluss, dass es die eigentliche Intention jener Textstelle gewesen sei, monogame Beziehungen sowie Gerechtigkeit gegenüber Witwen und Waisen zu stärken.[28] Ein Hinweis darauf stelle für ihn auch der Vers 129 der selben Sure dar:

„Nimmer ist es euch möglich, in (gleicher) Billigkeit gegen eure Weiber zu verfahren, auch wenn ihr danach trachtet. Doch wendet euch nicht gänzlich (von der einen oder andern) ab, so daß ihr sie wie in der Schwebe lasset. Söhnet ihr euch aus und fürchtet ihr Allah, siehe, so ist Allah verzeihend und barmherzig.“[29]

Während Engineer jene Passage lediglich als Verdeutlichung der Ausnahmestellung von Polygamie versteht, wird sie von einigen Muslimen als ein indirektes Verbot der Mehrehe gesehen. Der Vers weise für sie darauf hin, dass es dem Mann unmöglich sei, seine Frauen gleichermaßen zu lieben. Da dies jedoch laut Vers 3 die Bedingung für die Mehrehe sei, ergebe sich im Umkehrschluss ein Verbot polygamer Beziehungen.[30] Diese Art der Interpretation lehnen jedoch sämtliche islamischen Rechtsschulen ab, da sie nicht der üblichen Argumentationsweise des Korans entspreche.[31] Aus ihrer Sicht beschränke sich die Forderung nach Gleichberechtigung auf eine rein materielle Ebene.[32] Auch At-Tabari entnahm dem Vers keineswegs ein Verbot der Polygamie, sondern lediglich die Aufforderung, keine Ehefrau völlig zu vernachlässigen. Die Unfähigkeit des Mannes, Herr über seine Gefühle zu sein, vergebe Allah.[33] Für Muhammad Asad stellt Vers 29 dagegen vor allem eine moralische Einschränkung[34] der Mehrehe dar.

Letztlich bleibt es fraglich, ob sich aus dem Koran tatsächlich eine Erlaubnis der Polygamie ableiten lässt bzw. ob sich diese nicht nur auf besondere, heute

---

[27] ENGINEER: Modern Society, S. 85 f.
[28] ENGINEER: Modern Society, S. 80.
[29] Koran 4:129.
[30] ENGINEER: Modern Society, S. 82.
Auch der Staat Tunesien begründet durch diesen Analogieschluss das Verbot der Polygamie (siehe Abschnitt 3.1.1 dieser Arbeit).
[31] EL ALAMI, Dawoud Sudqi; HINCHCLIFFE, Doreen: Islamic Marriage and Divorce Laws of the Arab World, London 1996, S. 17.
[32] WALETZKI: Tunesien, S. 168.
[33] Ebd.
[34] ASAD, Muhammad: Die Botschaft des Koran. Übersetzung und Kommentar, Düsseldorf 2009, übers. v. VON DENFFER, Ahmad; KUHN, Yusuf, S. 183.

kaum noch gegebene Situationen bezieht. In keinem Fall jedoch findet sich eine Aufforderung zur Unterdrückung der Frau. Zumindest aus theologischer Sicht scheinen die Vorwürfe des Westens gegenüber der islamischen Polygamie daher unbegründet. Welche Bedeutung die Mehrehe jedoch in der heutigen Zeit hat, soll im nun folgenden zweiten Teil dieser Arbeit untersucht werden.

3. Polygamie in der Gegenwart

3.1 Polygamie in der heutigen islamischen Gesellschaft

In der heutigen Gesellschaft, in West wie in Ost, ist Polygamie eines der meist diskutierten Themen in Zusammenhang mit dem islamischen Glauben. Während zahllose, nicht selten aus dem feministischen Lager stammende Kritiker die polygame Ehe als Symbol der patriarchalen Unterdrückung verteufeln, sehen viele nicht nur männliche Muslime die Mehrehe als elementaren Bestandteil ihres Glaubens an. Denn obgleich im vorherigen Verlauf dieser Arbeit deutlich geworden sein sollte, dass dem Koran keineswegs eine direkte Legitimation jener Praxis zu entnehmen ist, betrachten sämtliche islamischen Rechtsschulen das Recht des Mannes auf Polygamie als absolut, lediglich begrenzt durch die Festlegung der maximalen Anzahl der Ehefrauen und die Bedingung, jeder die gleiche (materielle) Versorgung zukommen zu lassen.[35] Doch inwieweit sich die Theorie mit der gelebten Realität deckt, ob die Polygamie also nicht nur von der Mehrheit akzeptiert, sondern auch tatsächlich gelebt wird, soll der nun folgende Abschnitt zeigen.

Bei näherer Betrachtung der Eheverhältnisse in der islamischen Welt fällt auf, dass die Polygamie keineswegs den Normalfall darstellt. Tatsächlich ist die Monogamie bei weitem stärker verbreitet, nur selten erreicht der Anteil polygamer Ehen auch nur einen zweistelligen Prozentwert. Lediglich in Saudi-Arabien ist die Mehrehe mit fast 20% im Jahr 2000 etwas gebräuchlicher. Bemerkenswert ist jedoch, dass sich, zumindest gegen Ende des 20. Jahrhunderts, die Anzahl an Mehrehen zu erhöhen schien. So stieg die Polygamierate in den Vereinigten Arabischen Emiraten von 6% im Jahr 1975 auf 14,4% im Jahr 2000. In Kuwait stieg sie von 1965 bis 1975 von 6,7% auf 11,7%, sank bis 2000 aber wieder auf 9%.[36]

---

[35] EL ALAMI; HINCHCLIFFE: Arab World, S. 16.
[36] Siehe Anhang.

In jüngster Zeit hat jene Entwicklung jedoch allem Anschein nach ein Ende gefunden und die Anzahl an monogamen Ehen steigt spürbar. Wurde die Polygamie in früheren Zeiten noch von vielen Frauen akzeptiert, ja sogar als „gottgegeben"[37] betrachtet, wehren sich heute viele Musliminnen gegen sie.[38] Die Gründe hierfür sind vielfältig: Seit der Industriellen Revolution, die den arabischen Frauen eine bisher unbekannte wirtschaftliche und damit auch soziale Bedeutung zukommen ließ, ist das Selbstbewusstsein der weiblichen Bevölkerung der islamischen Länder deutlich gestiegen.[39] Damit einhergegangen ist auch der um ein Vielfaches gestiegene Bildungsgrad der Frauen sowie der Kontakt mit dem feministisch geprägten Westen, was zur weiteren Etablierung des Monogamiegedankens im Orient geführt haben dürfte.[40]

Ebenso wie die gesellschaftlichen Veränderungen haben wohl auch die rechtlichen Reformen zahlreicher islamischer Länder innerhalb des vergangenen Jahrhunderts zu einem Rückgang der Polygamie geführt.[41] Denn obgleich es den Meinungen der islamischen Rechtsschulen widerspricht, haben heutzutage fast alle Nationen der arabischen Welt die Mehrehe durch neue Gesetze und Weisungen eingeschränkt oder sogar gänzlich verboten. So wurde durch die Reformierung der Shari'a in Marokko beispielsweise den Frauen, die in einer Mehrehe leben, die Möglichkeit eingeräumt, sich im Falle von Ungerechtigkeit entgegen dem Willen des Mannes von ihm scheiden zu lassen. Auch in anderen islamischen Ländern wie Syrien, Pakistan, Bangladesch oder dem Irak ist das Recht auf Polygamie eingeschränkt worden: eine offizielle Genehmigung des Staates ist mittlerweile die Vorraussetzung für die Ehe eines Mannes mit mehreren Frauen. In der Türkei ist die Polygamie heutzutage sogar völlig verboten, allerdings nicht aus religiösen Gründen.[42]

---

[37] „God-given", Engineer: Modern Society, S.78.
[38] LA'PORTE, Victoria: Islam, in: Markham, Ian S.; RUPARELL, Tinu (Hg.): Encountering Religion. An Introduction to the Religions of the World, Oxford 2005, S. 360.
[39] ENGINEER: Modern Society, S.78.
[40] EL ALAMI; HINCHCLIFFE: Arab World, S. 18.
[41] ADNAN: Women, S. 175.
[42] SYED, Mohammad Ali: The Position of Women in Islam. A Progressive View, New York 2004, S. 44.

3.1.1 Gegenwärtige Rechtssituation am Beispiel Tunesiens

Auch die Republik Tunesien hat mittlerweile mit der islamischen Tradition gebrochen und die Monogamie zur einzigen vom Staat gebilligten Form der Ehe erklärt: „Die Polygynie ist verboten" heißt es in Art. 18 Abs. 1 CSP.[43] Die Basis dieses Entschlusses bildet hierbei der schon im vorherigen Verlauf dieser Arbeit beschrieben Analogieschluss, dass die im 129. Vers der vierten Koransure formulierte Unfähigkeit des Mannes, mehrere Frauen gleichberechtigt zu behandeln, aufgrund der im 3. Vers dargelegten Einschränkungen die Polygamie gänzlich verbiete.[44] Bemerkenswert ist jedoch die Strenge, mit der die tunesische Regierung gegen die Mehrehe vorzugehen pflegt: Verstöße werden mit einem Jahr Gefängnis oder einer Geldstrafe von 240 tunesischen Dinar[45] bestraft. Selbst wenn sich die zweite oder gar die erste Ehe als unrechtmäßig herausstellt (Art. 18 Abs. 2-4 CSP), wird die Strafe ohne Einschränkungen verhängt – Aussetzungen oder Milderungen sind ausdrücklich untersagt (Art. 18 Abs. 5 CSP).[46]

Dabei war das Vorgehen der tunesischen Regierung zur Durchsetzung der Monogamie keineswegs von Beginn an derart bestimmt. So wurde die Heirat mit einer zweiten Frau trotz des Verbots anfänglich sogar noch als vollgültig angesehen, der Ehemann hatte lediglich eine geringe Geldstrafe zu zahlen. Erst 1964, knapp zehn Jahre nach dem Inkrafttreten der neuen Verfassung, erfolgte schließlich das absolute Verbot der Polygamie.[47]

Interessanterweise bezieht sich dieses jedoch nicht nur, wie man vermuten könnte, auf ein Geschlecht. Auch für die Polyandrie, also die Ehe zwischen einer Frau und mehreren Männern, lässt sich aus der tunesischen Verfassung ein Verbot ableiten. So heißt es in Art. 20 CSP, dem Mann sei „die Eheschließung mit der Frau eines anderen" untersagt. Waletzki zweifelt jedoch am Praxisbezug jener Vorschrift, da in der tunesischen Gesellschaft, abgesehen von der frühen vorislamischen Zeit, Polyandrie niemals eine Rolle gespielt habe, ja sogar gesetzlich verboten gewesen sei. Für sie ziele jener Artikel des CSP infolgedessen eher auf eine Unterbindung des Einbrechens in fremde Ehen ab.[48]

---

[43] Code du Statut Personnel (Verfassung Tunesiens), zit. n. WALETZKI: Tunesien, S. 167.
[44] WALETZKI: Tunesien, S. 169.
[45] Nach gegenwärtigem Wechselkurs (April 2011) umgerechnet ca. 121,45 €.
[46] WALETZKI: Tunesien, S. 169.
[47] Ebd., S. 169 f.
[48] Ebd., S. 170.

3.2. Moderne Auffassungen und Sichtweisen

Wie bei vielleicht keinem anderen Aspekt des islamischen Glaubens zeigen sich beim Thema Polygamie die kulturellen Widersätze von Orient und Okzident. Die Mehrehe, die im arabischen Raum auf eine lange Tradition zurückblickt und sich – allen theoretischen Vorbehalten zum Trotz – in den Köpfen vieler Muslime festgesetzt zu haben scheint, stößt bei westlichen Gemütern auf heftigen Widerstand. Aber auch viele Muslime, gerade muslimische Feministinnen, können Polygamie heutzutage nur schwer akzeptieren und betrachten sie als diskriminierendes Relikt einer patriarchalen Gesellschaft.[49]

Doch die Stimmen jener, die Polygamie verteidigen, sind zahlreich, ebenso wie die verwendeten, teils haarsträubenden Argumente. So ist beispielsweise die Meinung verbreitet, die Ehe mit mehreren Frauen sei wichtig, um Missbrauch zu vermeiden.[50] Des Weiteren wird die Notwendigkeit der Polygamie damit erklärt, dass die weltweite Anzahl an Frauen die der Männer deutlich übersteige. Vertreten wird diese Meinung unter anderem von dem indischen Gelehrten Maulana Wahiduddin Khan.[51] Was Khan dabei jedoch außer Acht lässt, ist, dass der Anteil der Männer an der Gesamtbevölkerung in zahlreichen, meist islamischen Ländern bedeutend über dem der Frau liegt.[52] Sein pseudowissenschaftlicher Argumentationsversuch ist schlicht nicht haltbar.

Wesentlich differenzierter zu betrachten ist jedoch die Meinung der britischen Frauenrechtlerin Annie Besant, die in der islamischen Polygamie den Schlüssel zur gerechten Behandlung von Ehefrauen zu sehen scheint:

„One man and one woman, that is the true marriage; all else is evil. But most men are not yet pure enough for that, and in the scales of justice the polygamy of the East which guards, shelters, feeds and clothes the wives, may weigh heavier than the prostitution of the West, which takes a woman for lust, and throws her on the streets when lust is satiated."[53]

---

[49] ADNAN: Women, S. 176.
[50] ENGINEER: Modern Society, S. 87 f.
[51] Ebd., S. 88.
[52] Sex Ratio, in: Central Intelligence Agency (CIA): The World Factbook, URL: https://www.cia.gov/library/publications/the-world-factbook/fields/2018.html (besucht am 18. April 2011).
[53] BESANT, Annie: Islam, London 1992, S. 34, zit. n. LA'PORTE: Islam, S. 359.

11

Auch Aisha Lemu vertritt eine ähnliche Sichtweise:

"And it is no secret that polygamy of a sort is widely carried on in Europe and America. The difference is that while the Western man has no legal obligation towards the second, third or fourth mistresses and their children, the Muslim husband has complete legal obligations towards his second, third or fourth wife and their children."[54]

Beiden Äußerungen liegt die Annahme zu Grunde, dass der Mann in der Regel nicht dazu in der Lage sei, monogam zu leben. Während dies aus der Sicht von Besant und Lemu im Western bedeute, dass die Ehefrau mit zu Lustobjekten degenerierten Geliebten betrogen werde, müsse sich die islamische Frau ihren Gatten zwar teilen, sei jedoch wirtschaftlich und sozial abgesichert. In diesem Licht betrachtet, stellt die Polygamie für die Frau in der Tat einen eleganten Ausweg aus einem andernfalls düsteren Schicksal dar. Doch steht und fällt die These mit der Treue bzw. Untreue des Mannes. Die Einschätzung, kaum ein Mann sei „rein genug", um monogam zu leben, erscheint subjektiv, fast zynisch.

Doch keineswegs ist es die Allgemeinheit, die Polygamie aufgrund männlicher Schwäche hochhält. Die meisten Frauen, seien es Musliminnen oder Christinnen, betrachten die Polygamie im Zeitalter der Emanzipation kaum noch als Ausweg aus der Diskriminierung, sondern vielmehr als eine ihrer Ursachen. Ein Beispiel für die oft harsche Kritik westlicher Frauen bietet die amerikanische Kulturanthropologin Nancy Bonvillain:

„Islamic doctrine developed, in part, from prior teachings derived from Judaism and Christianity. It continues, and in fact, intensifies, gender inequality. Subordination of women in Islamic culture is severe."[55]

Aus der Sicht von Gunawan Adnan ist die Aussage Bonvillains jedoch beispielhaft für ein entscheidendes Problem bei der Auseinandersetzung mit der Polygamie im Islam: die Unfähigkeit, zwischen historischem und normativen Islam, zwi-

---

[54] LEMU, B. Aisha; HEEREN, Fatima: Woman in Islam, London 1978, S. 28, zit. n. LA'PORTE: Islam, S. 359 f.
[55] BONVILLAIN, Nancy: Women and Men: Cultural Constructs of Gender, New Jersey 1998, S.128, zit. n. ADNAN: Women, S. 183.

12

schen einigen heutzutage verbreiteten Interpretationen und dem „wahren Islam" zu unterscheiden.[56]

So herrscht bei den Meinungen der islamischen Akademiker, die sich mit der Polygamiefrage beschäftigt haben, letzten Endes ein gewisser Konsens. Parvez, ein moderner Korankommentar aus Pakistan, erklärt beispielsweise, dass es sich bei der vom Koran behandelten Mehrehe ausschließlich um einen Ausweg aus speziellen Situationen, in denen Witwen und Waise gefährdet sind, also vor allem Krieg, handle.[57] Auch Engineer hebt hervor, dass die Intention des Korans keineswegs die Legitimation der Polygamie, sondern die Stärkung der Rechte von Frauen und Waisen sei.[58] Im modernen Kontext sei sie jedoch ausgeschlossen.[59] Gunawan Adnan dagegen betont, dass die Barmherzigkeit alleiniger Sinn und Zweck der Polygamie im Islam sei. Dort wo die Mehrehe niemandem helfe, dürfe es sie nicht geben:

„I am of the opinion that if polygyny fails to solve social and human problems or if it even brings forth other critical and social problems, it must be prohibited, because no longer fulfils its purpose its spirit as intended by the Qur'an."[60]

4. Schluss

Die Polygamie, deren Rolle im Koran nur so gering ist, stellt in der heutigen Zeit einen der hitzigsten Streitpunkte im Dialog zwischen Orient und Okzident dar. Der Versuch, die Frage nach der Bedeutung der Mehrehe für den Islam zu beantworten, hat gezeigt, dass hinter der Thematik weit mehr steckt, als auf den ersten Blick zu vermuten wäre. Der aktuelle Diskurs, der meist zwischen Verteufelung und Bagatellisierung schwankt, wird der Komplexität des Themas kaum gerecht.

Im vorislamischen Orient stellte Polygamie, ebenso wie die damit verbundene Unterdrückung der Frau, den Alltag dar. Die Entstehung des Islams bedeutete in erster Linie eine Einschränkung jener Praxis und eine Verbesserung der Lage der weiblichen Bevölkerung. Erstmals in der Geschichte besaßen die arabischen Frauen ein Recht auf gleiche Behandlung. Doch betrachtet man die geschichtli-

---

[56] ADNAN: Women, S. 183.
[57] ENGINEER: Modern Society, S. 85
[58] Ebd., S. 88.
[59] Ebd., S. 32.
[60] ADNAN: Women, S. 183.

13

chen und gesellschaftlichen Umstände jener Zeit, wird deutlich, dass die mit der Mehrehe in Verbindung zu bringenden Verse 3 und 129 des Korans wohl noch mehr aussagen. Aller Wahrscheinlichkeit nach stand bei ihrer Verkündigung nicht die Regelung der Polygamie im Vordergrund, sondern der Schutz der Witwen und Waisen in Situationen, in denen sie um ihre Existenz fürchten müssen. In ihrem eigentlichen Kern stellt die „Erlaubnis" der Polygamie im Koran also keineswegs ein Relikt patriarchaler Unterdrückung, sondern einen Akt der Barmherzigkeit und der Gleichberechtigung dar, der für den frühen Islam von enormer Bedeutung gewesen sein dürfte.

Doch wie so oft entspricht das theologische Fundament nicht der gelebten Religion. Denn obwohl, wie im Verlauf dieser Arbeit deutlich geworden ist, die gegenwärtige praktische Bedeutung der Mehrehe sehr gering ist, so ist sie doch angesichts ihrer eigentlichen Intention viel zu hoch. Noch immer betrachten zahlreiche Muslime die Polygamie als elementaren Bestandteil ihres Glaubens. Zwar lassen sich viele der Argumente gegen die Mehrehe, die dem Islam eine frauenfeindliche Grundhaltung vorwerfen, kaum halten, doch lässt sich auch nicht abstreiten, dass der einstige Akt der Barmherzigkeit heute seiner selbst nicht mehr gerecht wird. In einer Zeit, in der die Existenz eines Volkes oder einer Nation nicht mehr vom Gleichgewicht der Geschlechter abhängt, wo die Polygamie den Frauen mehr Leid zufügt als ihnen erspart, darf es sie nicht geben.

5. Bibliographie

Quellen:

- BESANT, Annie: Islam, London 1992, zit. n. LA'PORTE: Islam.
- BONVILLAIN, Nancy: Women and Men: Cultural Constructs of Gender, New Jersey 1998, zit. n. ADNAN: Women.
- Koran, übers. v. HENNING, Max, Stuttgart 1991.
- LEMU, B. Aisha; HEEREN, Fatima: Woman in Islam, London 1978, zit. n. LA'PORTE: Islam.

Literatur:

- ADNAN, Gunawan: Women and The Glorious Qur'an. Analytical Study of Women-Related Verses of Sura An-Nisa', Göttingen 2004.
- EL ALAMI, Dawoud Sudqi; HINCHCLIFFE, Doreen: Islamic Marriage and Divorce Laws of the Arab World, London 1996.
- ASAD, Muhammad: Die Botschaft des Koran. Übersetzung und Kommentar, Düsseldorf 2009, übers. v. VON DENFFER, Ahmad; KUHN, Yusuf.
- ENGINEER, Asghar Ali: The Rights of Women in Islam, London 1992.
- ENGINEER, Asghar Ali: Women and Modern Society, New Delhi 2005.
- SYED, Mohammad Ali: The Position of Women in Islam. A Progressive View, New York 2004.
- FRIEDL, Corinna: Polygynie in Mesopotamien und Israel. Sozialgeschichtliche Analyse polygamer Beziehungen anhand rechtlicher Texte aus dem 2. und 1. Jahrtausend v. Chr., Münster 2000 (= Alter Orient und Altes Testament, 277).
- LA'PORTE, Victoria: Islam, in: Markham, Ian S.; RUPARELL, Tinu (Hg.): Encountering Religion. An Introduction to the Religions of the World, Oxford 2005, S. 337-369.
- MONDAL, Sekh Rahim: Polygyny and Divorce in Muslim Society. Controversy and Reality, in: ENGINEER, Asghar Ali: Islam, Women and Gender Justice, New Delhi 2001, S. 131.
- WALETZKI, Stephanie: Ehe und Eheschließung in Tunesien. Zur Stellung der Frau in Recht und Gesellschaft, Berlin 2001 (= Islamkundliche Untersuchungen, 241).

Internet:

- Sex Ratio, in: Central Intelligence Agency (CIA): The World Factbook, URL: https://www.cia.gov/library/publications/the-world-factbook/fields/2018.html (besucht am 18. April 2011).

6. Anhang

Table 1. Prevalence of Polygynous Marriages in the Gulf Countries

Population	Polygynous Marriage %	Reference
Arabian Gulf Countries		
UAE[a] **1975**	6.0	Chamie (1986)
UAE 1999	13.4	1999 National Family survey
UAE 2000	14.4	2000 GFHS[b]
Kuwait[a] **1965**	6.7	Chamie (1986)
Kuwait[a] **1970**	8.8	Chamie (1986)
Kuwait[a] **1975**	11.7	Chamie (1986)
Kuwait 2000	9.0	2000 GFHS[b]
Bahrain[a]**1981**	5.4	Chamie (1986)
Bahrain 2000	8.0	2000 GFHS[b]
Qatar 2000	8.0	2000 GFHS[b]
Oman 2000	11.0	2000 GFHS[b]
Saudi Arabia 2000	19.0	2000 GFHS[b]

[a] The Prevalence rate was calculated based on male subjects
[b] 2000 Gulf Family Health Surveys(Mohammed 2003)

ALNUAIMI, Wadha Saeed & POSTON, JR., Dudley L.: Polygyny and Fertility in the United Arab Emirates at the End of the 20th Century, URL: http://iussp2009.princeton.edu/download.aspx?submissionId=93083 (besucht am 14. April 2011).

9 783656 934561